Padre GUILHERME TRACY, C.Ss.R.
Irmã TEREZINHA DIAS, FdM

MEU PAI BEBIA DEMAIS: HOJE SOU UM ADULTO QUE SOFRE

SANTUÁRIO

Diretores Editoriais:
Carlos da Silva
Marcelo C. Araújo

Editores:
Avelino Grassi
Roberto Girola

Coordenação Editorial:
Elizabeth dos Santos Reis

Copidesque:
Ana Lúcia de Castro Leite

Revisão:
Leila Cristina Dinis Fernandes

Diagramação:
Alex Luis Siqueira Santos

Capa:
Erasmo Ballot

ISBN 85-369-0070-9

1ª edição: 2005

8ª reimpressão

Todos os direitos reservados à **EDITORA SANTUÁRIO** — 2014

Composição, CTcP, impressão e acabamento:
EDITORA SANTUÁRIO – Rua Padre Claro Monteiro, 342
12570-000 – Aparecida-SP – Fone: (12) 3104-2000

"Hoje sou sensível demais e inseguro. O **medo**, a **ansiedade** e a **raiva** dominam minha vida. Tenho grandes dificuldades em viver bem com os outros, e prefiro fugir para o isolamento e a solidão."

Quem escreve, adulto hoje, passou a infância e adolescência à sombra de um pai que bebia, não só um pouco, mas **demais**, sempre **demais.** A **insegurança**, o **medo**, a **ansiedade** e a **revolta**, que sofre hoje na vida adulta, vêm daquela convivência com um doente-alcoólatra.

"Embora adulto realizado, sinto em mim um terrível **vazio**, e reconheço que essa carência e esse vazio são marcas em minha alma por ter vivido com um pai alcoólatra."

A **Comunidade Vida Nova,** de Curitiba (PR), dedicada à recuperação de Padres e Religiosos do **Alcoolismo**, em conjunto com a Conferência dos Religiosos do Brasil e com a bênção dos Srs. Bispos, já promoveu, com frutos maravilhosos, dúzias de **Encontros de Libertação** para seminaristas e jovens religiosas.

Pela primeira vez no Brasil, os **"F.A.A.s" (Filhos Adultos de Alcoólatras)** recebem essa orientação libertadora. Este livrinho contém o material que tem ajudado tanto esses jovens nos Encontros de Libertação. Se você também conheceu na infância e na adolescência o terrível problema do alcoolismo na família, pode experimentar estas sugestões, com a esperança de começar sua libertação das marcas dolorosas do passado.

Veja os depoimentos de alguns agraciados que fizeram os Encontros dos F.A.A.s.

Um seminarista escreveu: "Depois de participar dos Encontros, entendi que meu pai é **doente**, e não um homem sem caráter que me odeia. Pude enfrentar o problema de frente sem medo, e consegui que papai frequentasse as reuniões de A.A., livre do álcool".

Uma religiosa testemunha: "Hoje tenho consciência do quanto reprimi meus sentimentos. Minha história era **amarga, dura e cruel**. As bebedeiras de meu pai causavam tanta dor e desespero que ninguém podia aguentar. Por isso, para sobreviver, acabei matando meus sentimentos. Hoje, percebo que isso me faz mal, e graças aos Encontros de Libertação estou aprendendo a **sentir** – a sentir a **vida**, o **prazer de viver!**"

"Hoje amanheci numa angústia enorme que há muito tempo não sentia. Creio que seja toda aquela situação de 25 anos atrás que vivenciei em casa com meu pai. Graças aos Encontros, já superei muito, mas tenho momentos em que tudo volta e parece que nada mais tem sentido para mim."

"Dou graças a Deus por esta caminhada em **busca da Libertação**. Apesar das bebedeiras de meu pai, creio no **Deus da Vida**, e não no **Deus da Morte**!"

Ao menos 10% de qualquer grupo tem uma reação distinta com o álcool porque nasce com uma predisposição genética ao alcoolismo. Se esses usarem a droga-álcool, vão desenvolver a Doença do Alcoolismo. Baseando-se nessa estatística dos 10%, pode-se afirmar que há no Brasil mais de **18 milhões de Doentes-Alcoólatras.** Pode haver número igual de crianças que convivem com eles. Mas **adultos**

hoje, que sofreram na infância ao lado de um pai ou de uma mãe **"bebedores-problemas"**, será que o número não chega a **40 milhões**? Este livrinho oferece uma **nova esperança** para eles.

Todos os F.A.A.s têm *problemas comuns*:

– isolamento;
– solidão;
– fuga dos outros;
– dificuldades em expressar sentimentos;
– dificuldade em saber o que sente;
– depressão frequente que dura muito;
– problemas com relacionamentos;
– sentir-se impotente, vítima de seu passado.

Para se **libertar**, em vez de reprimir as velhas raivas, o medo, a vergonha e a culpa do passado, por meio dos Encontros **e deste livrinho,** o F.A.A. aprende a partilhar esses sentimentos. Decide **aceitar a responsabilidade** de sua **própria vida**: se vai ser feliz hoje ou não!

I

Você sofre hoje, porque seu pai bebia demais?

Se alguém de sua família **bebia demais**, você sofreu muito. Responda às seguintes perguntas, para descobrir até que ponto, hoje, você está marcado por esse terrível sofrimento do passado. Assinale as perguntas com que você se identifica.

a) Você é perfeccionista, exigindo demais de si mesmo (e de outros), não aceitando o **humano** e o **imperfeito** em si mesmo e no mundo?

b) Você se ofende muito com qualquer crítica?

c) Você nunca consegue reconhecer as **coisas boas** que faz?

d) Vive buscando a aprovação dos outros, tentando agradar a todos, porque está completamente incerto se tem valor e se fez uma coisa boa?

e) Sua carga de **ansiedade** está muito forte: vive inquieto, não podendo sossegar e relaxar, mesmo quando tudo anda bem?

f) Você sente compulsivamente a necessidade de ser hoje o **"Salvador da Pátria"**, responsável demais pelos outros, como era obrigado a ser com a pessoa de sua família que bebia demais?

g) Você sabe cuidar bem dos outros, mas não aprendeu ainda a **cuidar de si** e de **suas legítimas necessidades**?

h) Você foge dos outros, isolando-se e afogando-se na solidão, porque está convencido que ninguém gosta de você?

i) Sente **medo, ansiedade e mal-estar** perante autoridades de pessoas bravas?

j) Você sente que os outros aproveitam demais de você, que não sabe dizer "não" a ninguém?

k) Para você é quase impossível deixar que as pessoas se aproximem? Quando começa a gostar de alguém, agarra-se tanto a essa pessoa que acaba espantando-a?

l) Você confunde **"dó"** com **"amor"**, como fazia com a pessoa de sua família que bebia demais?

m) É difícil você confiar em seus próprios sentimentos?

n) É difícil dizer o que realmente sente, por medo de ofender alguém?

o) Você acha que sofre muito **hoje**, porque conviveu com um doente-alcoólatra em casa?

O Alcoolismo é *doença da família*

Filhos de doente-alcoólatra nascem com quatro vezes maior probabilidade de criar dependência do álcool do que os outros filhos de Deus. Tudo indica que nascem com uma **predisposição genética** ao alcoolismo, assim como futuros diabéticos nascem com uma predisposição genética.

A doença do bebedor **contagia** todos da família – mesmo o cachorro, que um dia recebe agrado do bêbado, mas no outro leva coices! Imagine a instabilidade emocional da esposa e dos filhos, que são como os favelados nos morros do Rio de Janeiro, que sabem que sua casa pode desmoronar e cair em cima deles cada vez que chove – ou seja, cada vez que o alcoólatra bebe. Todos os que convivem com quem abusa da bebida ficam doentes também, talvez mais doentes do que o bebedor: **ansiosos, inseguros, medrosos, deprimidos, nervosos, desanimados, e com manifestações psicossomáticas** (úlcera, pressão alta, diabete descontrolada).

II

Filhos da negação: "Não sentir!"

Quando o filho adulto (F.A.A.) de hoje era criança e convivia com um pai que ficava bêbado, sentia **medo, raiva, mágoa, repugnância, desânimo e desgosto**. Ele foi criado como **"filho da negação"**: a dor era insuportável, grande demais. Por isso aprendeu a não se permitir **sentimentos**.

O alcoólatra vive **negando** que o álcool o esteja prejudicando, e a família cai na mesma **negação**. "Papai não é alcoólatra. Trabalha muito, e precisa de umas cervejinhas para relaxar." "Mesmo que o pai enxugue um engradado de cerveja num fim de semana, o filho fala de 'cervejinhas'."

Outras vezes, o filho admite que a mãe bebe demais. **Mas nega que ele sofre com isso.** "Eu não sofro com seus porres. Eu me distraio e evito chegar perto dela. Está tudo joia!"

Mas **"está tudo joia"** significa apenas que o filho ainda não morreu de dor! É como o atropelado que insiste dizendo "está tudo joia", porque ainda está respirando. O filho vive questionando-se: "Será que meu pai bebe porque eu não sei agradá-lo?" Com esse sentimento constante de culpa pela bebedeira, não pode "**estar tudo joia**".

Antes dos nove anos, o adulto de hoje aprendeu a construir uma **muralha de proteção** – negando seus sentimentos –, nunca expressando o que sente. Sua realidade é triste demais, ninguém aguenta sentir em cheio o inferno do alcoolismo em casa. Está pesado demais: o **medo**, a **tristeza**, a **raiva**, a **humilhação**, a **culpa**, a **revolta**.

O **medo**: Quando criança, teve de andar no carro com o pai dirigindo bêbado.

Aprendeu a não sentir medo, a ser **"durão"**, a reprimir o medo.

A **tristeza**: Quando a mãe chorava, o coração do filho se partia. Mas ninguém aguenta sentir tanta tristeza; aprendeu a não sentir nada. Quando criança, como era triste nunca ter dinheiro porque o pai bebia; como era triste quando o pai perdia outro emprego. Para aguentar, o adulto de hoje aprendeu que não podia permitir-se **sentimentos.**

A **raiva**: O filho sentia raiva quando o pai não cumpria as promessas, mas aprendeu *a não sentir nada*, a abafar todos os sentimentos e ficar indiferente. Sentiu raiva da vizinha que chamou sua mãe de bêbada. Sentia raiva quando sua família estava sempre passando necessidade, porque o pai bebia tudo o que recebia. Mas nenhuma criança aguenta sentir tanta raiva e tanta dor. O adulto de hoje aprendeu na infância o **não sentir nada**!

A **humilhação**: O filho sentia-se **humilhado** quando o pai caía bêbado diante dos colegas de escola; sentia-se **humilhado** porque a mãe, aflita e surrada, andava desarrumada.

A culpa: Quando criança, o adulto de hoje **se culpava** porque não sabia agradar ao pai. **Culpava-se** porque não amava o pai bêbado. **Culpava-se** por estar vivo!

Negando essa trágica realidade e **não se permitindo sentir culpa, raiva, medo, tristeza, humilhação**, desde criança ele tentava convencer-se de que a família ia bem. Mas o triste resultado foi estrangular sua capacidade de sentir **alegria, amor e paz**!

Hoje, Luís está casado, mas sua esposa acha Luís **frio e indiferente**. Ela se magoa com essa frieza e entende que, para sobreviver ao inferno quando criança, ele aprendeu a **não sentir**. Quando Luís tinha 13 anos, certo dia o pai bêbado saiu da casa, cambaleando, no exato momento em que uns colegas de Luís passavam de bicicleta. Muito bêbado, o pai gritava palavrões, desmaiou e caiu! Depois veio a polícia e levou-o para o hospital em estado de coma alcoólico.

Um dos policiais, comovido, falou para Luís: "Aquela cena foi **humilhante** para você; seu pai bêbado e desmaiado na frente de seus colegas". Mas Luís respondeu: "**Não** me senti humilhado!" O policial insistiu: "de certo ficou **bravo, envergonhado e triste**". Mas Luís respondeu: "**Não!** Eu preciso ser **forte, durão**". Para sobreviver, Luís teve de aprender a **não se permitir nenhum sentimento**!

Para se libertarem, os F.A.A.s precisam aprender a **"escutar" seus sentimentos** e a **"falar" o que sentem** para alguém que vai acolher e compreender seus sentimentos. Nós F.A.A.s somos emocionalmente "retardados"! Nossa reação é lenta demais, pois desde a infância aprendemos a reprimir o que sentimos, raramente o expressando clara e diretamente. Mas a intimidade não se cria, uma comunidade não cresce sem **partilha de emoções.**

Outro F.A.A. ouviu do médico que talvez tivesse câncer e **"recusou-se"** sentir **medo** ou **raiva**. Nos grupos de partilha durante os Encontros, convidamo-nos

15

mutuamente a expressar o que **sentimos**, a começar a **viver,** a **ser** pessoas **vivas!** Tantas vezes o F.A.A. espera a **explosão** da emoção, permitindo-se sentir somente quando a emoção chega ao extremo. Somente o acúmulo e a explosão violenta *(de raiva furiosa, tristeza ou euforia)* conseguem escapar das defesas rígidas.

Acabe com o **"banho-maria"**. O F.A.A. ofende-se às 8h da manhã. Em vez de comunicar o sentimento logo às 8h, conserva-o em **banho-maria**, cozinhando-o até às 20h, quando confessa: "Estou **deprimido**!" É mais sadio e menos desgastante, e contribui para criar intimidade-comunidade, declarar logo às 8h: "Estou bravo e magoado". A **raiva engolida** torna-se **depressão**; é mais fácil reconhecer e admitir que se está com **raiva** do que permitir que a **raiva** torne-se **depressão.** Da mesma forma aprenda a **sentir e curtir** as pequenas **alegrias do dia**, não as desprezando nem esperando um momento de pura euforia que nunca vem.

III

Filhos da negação: "Não falar!"

Na infância, todos os filhos de alcoólatra aprendem que **não podem dizer a ninguém** que o pai ou a mãe bebe demais. Aprendem a **negar, esconder e disfarçar** o terrível sofrimento em casa. Desde criança, o filho de alcoólatra não pode dizer a ninguém o que sofre com as bebedeiras do pai: o **medo,** a **vergonha,** a **raiva.** A lealdade e o amor filial proíbem falar. Mas, se falasse do inferno em casa, ninguém acreditaria: "Filho ingrato! Seu pai trabalha tanto por você, e você vem com essa mentira que ele é um bêbado!"

Veja nestes exemplos de crianças como filhos adultos carregam hoje na alma a dor das cruéis **"Regras de Ferro"**, que aprenderam anos atrás.

Elizabete tem só nove anos e é gaga, com dificuldade em falar, traumatizada pelas bebedeiras do pai. Mas quando a professora lhe pergunta por que parece triste, Elizabete está programada para negar o problema e calar-se.

Que será na idade adulta o menino chamado *Ricardo*? Aos 13 anos, fica sozinho em casa com o pai bêbado. Ricardo não liga, mas continua olhando a TV! Quando a mãe chega, leva o pai para a cama e limpa a sujeira. Ricardo, porém, não reage a nada que está acontecendo: continua olhando a TV! Uma das filhas pergunta: "Mamãe, por que a senhora não disse nada para aliviar o pavor do Ricardo ao ver o pai bêbado e desmaiado? O garoto está muito assustado". Tão arraigada na família está a cruel **regra de ferro** do **"não falar!"**, que a mãe justifica-se: "Mas ele não disse nada para mim. Pensei que ele nem tinha reparado no que aconteceu!"

Essa mãe fala como tantas esposas: não sabem o que fazer. Convivendo com um marido bêbado, elas não têm nenhuma esperança. "Se ignoramos a dor, não vai doer! Se não falamos nada, a dor vai desaparecer!" Os filhos de alcoólatras aprendem quando criança a **não falar**, porque ninguém em casa fala! Quando adultos, continuam com essa neurose do **não falar**.

IV

Filhos da negação: "Não confiar!"

Filhos adultos de alcoólatras têm grande dificuldade em **confiar**, porque na infância seus pais não mereciam confiança. O pai estava bêbado ou ausente. A mãe estava preocupada demais com o beberrão e não tinha energia para atender o filho ou a filha.

Como é que hoje *Aparecida* vai **confiar** nas colegas e partilhar seus problemas? Ela é uma F.A.A. e, quando criança, chegava da aula com muita coisa para contar para a mãe. Mas não podia **confiar** na mãe, esposa sofrida de alcoólatra. *Cida* não podia contar para a mãe as **alegrias do dia**; a mãe aflita nem seria capaz de sorrir. E a mãe não tinha tempo para acolher as **tristezas** da filha, porque ainda estava magoada com a última bebedeira do marido. Como é que hoje Cida vai **confiar** nas colegas, se aprendeu anos atrás a **não confiar.**

Outro F.A.A., *Sebastião*, aprendeu quando garoto a **não confiar** nas decisões dos pais. O pai não se lembrava do passeio que, bêbado, tinha prometido ao filho. Nem podia **confiar** na mãe para apoiá-lo quando o pai esquecia, pois a mãe morria de medo de tomar outra surra do pai.

Como é que *Lourdes* hoje pode **confiar**? Aprendeu quando criança que **não** podia ter certeza de que a mãe não fosse ficar bêbada no aniversário da filha. Também **não** podia **confiar** no pai, porque não sabia como ele iria reagir com a mãe bêbada.

Jaime, F.A.A., que hoje é pai de família, acha **difícil confiar**. Quando estava com 11 anos, a mãe bêbada começou a bater nele com a vassoura. Pegou o telefone e ligou para o pai, que disse apenas: **"Calma, filho. Amanhã ela não vai lembrar de nada!"** *Jaime* aprendeu a não

confiar no pai que não bebe. Jaime tinha só 11 anos, mas hoje não pode confiar em ninguém. É evidente que hoje não é fácil para Jaime **confiar** e **partilhar**, mesmo com a esposa e amigos. Como confiar hoje em Deus, se aprendeu anos atrás a **não confiar em ninguém**?

V

Os papéis de cada F.A.A.

Para sobreviver no inferno em casa com o alcoólatra, cada filho assume um "papel" diferente.

a) O filho-herói, que salva; o salvador da pátria, o super-responsável

Geralmente o filho (ou a filha) mais velho cai nesse papel sendo obrigado, com só 8 ou 10 anos, a assumir a responsabilidade de buscar o pai bêbado no boteco, ou de levantar a mãe desmaiada no chão. Para agradar ao pai e tirar nota 10, estuda até de madrugada. Não brinca jamais. Para sobreviver, torna-se exageradamente sério, cumpridor dos deveres, até sofrer um enfarte com apenas 38 anos!

Uma filha limpava a casa de maneira compulsiva, tentando ganhar a aprovação dos outros. Hoje, qualquer experiência de rejeição derruba essa jovem, **porque não gosta de si mesma**. Sente-se **vazia, carente, sem poder libertar-se desse peso**.

b) O filho mascote, palhaço, bobo da corte

Desde criança, tenta aliviar a tensão em casa, brincando e tentando divertir os outros. Não tem vida própria porque, para sobreviver, aprendeu a viver pelos outros, tentando aliviar o sofrimento de todo o mundo, esforçando-se sem êxito para acalmar o pai bêbado, quando fica violento, e para confortar a mãe surrada e deprimida.

c) A ovelha negra, o bode expiatório

Para sobreviver e escapar do inferno em casa, uma filha, revoltada e carente do amor do pai bêbado, entrega-se ao namorado e fica grávida. Um filho, bravo, porque o pai é um bêbado, começa a furtar na escola, a usar maconha, a brigar com todos. Ambos estão cheios de raiva e de revolta pela triste situação de filhos de pai bêbado.

d) A criança perdida

Outro filho sobrevive ao calvário do alcoolismo em casa, retraindo-se e fugindo para um mundo de fantasias. Prefere estar sozinho em frente à tela da TV, ou fazendo algo que dispense parceiro. Aprendeu que é melhor estar sozinho do que se expor à violência da vida com os outros.

VI

A criança abandonada e abusada que está dentro do F.A.A.

Dentro de cada F.A.A. está uma maravilhosa criança que foi muito machucada anos atrás, e nunca sarou direito. Essa criança foi negligenciada, esquecida e desprezada, não tanto pelos outros, mas **por mim mesmo**. Hoje, entendo que essa **maravilhosa criança** que existe em mim contém minhas **energias emocionais, bloqueadas pelos abusos sofridos.**

A criança que existe em mim possui a **energia para sorrir e sentir prazer, para curar e fazer funcionar melhor todos os órgãos, a energia para me aproximar**

dos outros. Isso quer dizer que, enquanto a criança que existe em mim continuar machucada e ignorada, posso esperar problemas de saúde, pois alguma coisa dentro de mim dará o alarme avisando que as feridas do coração precisam ser tratadas. A criança é **espontânea, cheia de vida, de energia, de carinho, de criatividade e de espírito esportivo e brincalhão**; mas, com o abuso que sofreu, tornou-se **inibida, defensiva e fechada, deprimida e muito doente**.

O F.A.A. foi machucado por palavras massacrantes que queimaram sua alma e o atrapalham ainda hoje. "Você é um burro, um idiota, um inútil. Nunca vai conseguir nada na vida." **(Quais as palavras que mais cortaram seu coração e ainda atrapalham sua vida, hoje?)**

Se a criança que existe em mim continuar afogada na **vergonha do passado**, estou perdendo a maravilhosa **energia e a confiança** que Deus me concedeu. Uma vez que eu entender que essas atitudes habituais manifestam defesas inconscientes aprendidas para

27

sobreviver ao "fogo" que enfrentei no passado, usarei o Grupo para experimentar novas atitudes mais sadias em meus relacionamentos.

O senso de humor é excelente termômetro para medir a superação da velha **vergonha** enterrada no coração. Se estiver desenvolvendo o **senso de humor**, o F.A.A. está começando a gostar de si mesmo, a sentir-se menos envergonhado, menos carente, menos revoltado, menos inseguro e inferior. Está começando a dar a si mesmo permissão para **rir,** para **rir de si mesmo**, e isso desincha a máscara de reizinho prepotente, autossuficiente e sério demais perante qualquer ofensa imaginária. Está libertando a **criança abandonada**, dando-lhe **amor e saúde**, para que ela lhe ensine a curtir cada minuto de cada dia da vida!

Depoimento de um F.A.A. que descobre e liberta sua criança perdida

Por muitos anos, contava a quem estava disposto a me ouvir que eu era muito *carente* **de amor de pai**, porque meu pai ausentava-se nos fins de semana. Em vez de passear ou brincar comigo, ele ficava no boteco, enchendo a cara e gastando o dinheiro que faltava para nós. Ele não conversava comigo nem me ensinou a jogar bola. Gostava de sua garrafa muito mais do que gostava de mim. Nunca me abraçava ou me encorajava nos estudos nem no namoro. Só me cobrava e me rebaixava. **"Você não vale nada!"** Essas palavras eu enterrei na alma e elas regiam minha vida. Coitado de mim! Não conheci o amor de um pai!

No entanto, nos Encontros de F.A.A., descobri que dentro de mim há **várias pessoas:** a **criança perdida e carente**, supersensível que se magoa facilmente e chora interiormente o tempo todo. Mas também há em mim uma outra parte **mais adulta e madura, menos insegura e menos vazia.** Hoje, não desprezo meu pai, mas realmente não preciso dele para me valorizar. O **adulto** dentro de mim está sendo **"pai" da criança assustada, que se sente tão inferior e sem valor. O adulto** dentro de mim toma minha **criança perdida** pela mão e a educa: "Você é muito bom. Eu gosto muito de você. Você tem tantos talentos e boas qualidades. Você é simpático e muito amável. Eu gosto muito de você e sempre estou com meu braço em seu ombro, caminhando com você e ajudando você a sentir prazer de ser você. Eu sou o pai que hoje ama você como Deus lhe ama, sem condições e sem reservas!"

Doença da Negação

O padre (ou a religiosa, ou o leigo) **nega** que está bebendo demais, que precisa de A.A., teimando que é mais forte do que o álcool. Isso é a **Doença da Negação.**

No entanto, todos os que convivem com o "abusador" do álcool também tendem a **negar** o que seus olhos estão vendo. Um Bispo insistiu: "Padre X não pode ser alcoólatra, é inteligente demais" – como se o alcoolismo fosse só dos burros! Para os familiares, parece vergonhoso demais admitir que o nome do problema é o **alcoolismo**! O fato trágico é que a vasta maioria de alcoólatras morre sem receber tratamento adequado. Morre em acidentes de carros, em suicídio, de problemas do coração, do fígado ou do pâncreas, do sistema nervoso ou de câncer, agravados pelo abuso do álcool. Um estudioso estima que somente 15% dos alcoólatras chegam a receber tratamento. A **negação** ajuda-nos a fingir que não há problema. Quanto mais tempo a **negação** perdura tanto mais o álcool destrói a vítima. Mesmo depois de eu ter feito tratamento, se me afastar das reuniões de A.A., **vou cair de novo na NEGAÇÃO.**

Por isso nós, que somos **alcoólatras em recuperação**, falamos que estávamos **cegos**, não conseguindo enxergar quanto o álcool estava nos prejudicando. O fato que, hoje, admitirmos **nossa impotência** perante o álcool é o **Milagre de Jesus** curando o cego. **É Ele que abre nossos olhos** e **nos tira da negação e da cegueira**, para ver que nosso maior inimigo é a **droga-álcool**, que prometia ser nosso melhor amigo – mas nos traiu!

Geralmente, Jesus realiza esse Milagre de **curar o cego** por meio de um bom tratamento e das reuniões de Alcoólicos Anônimos. Muitas vezes, precisamos de um **bom amigo** para nos empurrar carinhosamente para o tratamento ou para a sala de A.A.

Jesus e o Cego de Betsaida (Mc 8,22)

Sim, todos nós alcoólatras entramos no tratamento **bastante cegos**, teimando que nosso problema é que os outros não nos compreendem e não nos apoiam. **Não enxergamos** que **o problema número "um" é o álcool (ou outras drogas).** No processo de tratamento, se o indivíduo abre seu coração e sua mente, acontece a Cura Progressiva do Cego, como em Mc 8,22.

"Algumas pessoas trouxeram **um Cego e pediram a Jesus que tocasse nele**." Geralmente, precisamos de **"algumas pessoas amigas"**, que têm amor corajoso e não vão nos deixar morrer dessa doença. Elas nos põem em contato com Jesus, empurrando-nos corajosamente para tratamento. São Marcos diz: "Jesus pegou o cego pela mão (pegou-*me* pela mão!) e o levou para fora do povoado", isto é, para o centro de tratamento. No começo, eu não enxergo o que o álcool está fazendo em minha vida. Jesus pergunta-me: "Você está vendo alguma coisa?" Eu, **ainda cego**, respondo: "Eu não sei como cheguei a esta Casa de Tratamento! Eu paro a hora que eu quiser! O álcool não é meu problema. Se os outros me compreendessem, eu não beberia!" No Evangelho, o homem exclamou: "Vejo as pessoas, mas parecem árvores andando".

É por isso que o tratamento pede tempo, para dar tempo a Jesus para "pôr outra vez as mãos sobre seus olhos. No mesmo instante, o cego olhou com mais firmeza e ficou curado, e via tudo muito bem". Pouco a pouco, frequentando as reuniões de A.A. e se abrindo à Graça do Tratamento, a cura da cegueira acontece.

VII

Duas cartas
a quem está bebendo demais

Primeira Carta

Prezado senhor ....
Um amigo e admirador do senhor pediu-me que lhe contasse um pouco de minha história. Meu querido pai sofria da doença do alcoolismo, e eu sofria na infância, com minha mãe, por causa das terríveis bebedeiras de meu pai. Mas, por minha vez, eu também criei uma dependência do álcool. Quando viajava, carregava garrafas de conhaque comigo para não enfrentar nenhuma noite sem beber. Bebi por vinte anos, mas depois de sofrer muito, Deus, que é **Amor e Misericórdia**, enviou um amigo que soube

chegar a mim, sem me ofender, e suplicou que eu fosse fazer um tratamento. Recusei e tentei escapar, mas no fim Deus pôs sua mão amiga em meu coração, acalmou meu medo e minha vergonha, e aceitei o tratamento. Foi porque aceitei o tratamento que não morri do alcoolismo como tantos morrem.

Com esse mesmo **Amor e Misericórdia de Jesus**, convido o senhor para vir fazer um tratamento aqui conosco. Um amigo e admirador do senhor vai pagar as despesas. Ele somente quer que o senhor, um filho de Deus tão bom, livre-se da escravidão do alcoolismo. Com muita amizade, aguardo sua resposta e sua chegada aqui. Não precisa morrer dessa desgraça do alcoolismo. Venha e viva uma **vida nova** e mais feliz. Chega de sofrer! O Amor de Jesus nos une. Aguardo sua resposta.

Segunda Carta: uma carta amiga a um filho de Deus que bebe demais

Prezado senhor ....
Tomo a liberdade de lhe enviar um abraço amigo e de convidá-lo para vir

passar um estágio conosco. Aqui todos os residentes – e membros da Equipe – já sofremos muito com a bebida, mas conhecemos o milagre de poder viver hoje muito mais feliz, sem precisar dela. Nós padres-alcoólatras temos a licença do Santo Padre o Papa para celebrar missa somente com **suco de uva**, que não tem álcool. Faz vinte e seis anos que não celebro missa com vinho – porque sou padre alcoólatra em recuperação. Não quero voltar àquela miséria que o álcool criou para mim.

Quando um bom amigo ofereceu-me tratamento – como estou oferecendo a você, hoje –, tentei dizer: **"Não, não preciso, não quero!"** Mas no fim, Jesus tocou em meu coração, e aceitei. Peço que Ele faça a mesma coisa para você agora. Que Ele toque em seu bom coração, e lhe dê a resposta: "Sim". Será uma alegria para nós recebê-lo aqui conosco. Vale a pena. Pergunte às pessoas que mais amam você o que elas lhe sugerem. Estamos de braços abertos!

Mas ele(a) não admite ter problema com a bebida! O que fazer?

1. **Não discuta com ele,** e não peça que ele pare sozinho, porque, uma vez instalada a dependência, sozinho ele não vai conseguir.

2. **Aproveite os episódios que acontecem para comunicar ao doente sua preocupação.** "Ontem, quando você atirou o prato de comida na parede e chamou sua esposa de prostituta, assustou-me muito. Sei que ama sua esposa. Só pode ser a bebida que inspirou aquelas palavras tão ofensivas. Não precisa sofrer mais. Sua esposa e filhos merecem uma vida melhor. Sua maneira de beber está criando um inferno para as pessoas que você ama. **Aceite tratamento,** você merece ter ajuda, e sua esposa merece um cuidado melhor."

3. **Veja quem pode reforçar seu apelo de fazer tratamento.** Deve haver algumas pessoas que o bebedor respeita e escuta (pode ser um médico, um padre, um parente, um membro de A.A.). Pode ser até

um ou mais dos filhos. É interessante ir falar com o bebedor juntamente com outras pessoas – mais duas ou três! Quanto mais você puder reforçar seu apelo, ajudado por outras pessoas que têm amor e respeito por aquele que bebe, mais terá resultado satisfatório. "Pelo amor que você tem pela família e que eles têm por você, aceite tratamento!" Um fala e termina com esse pedido. Outro entra e expressa o pedido nas palavras que vêm de seu coração, e termina, batendo na mesma tecla: "Pelo amor que você tem pela família e que eles têm por você, aceite tratamento!"

4. **Não pergunte se ele bebe demais, ou se a bebida é problema para ele**. Está na fase da **negação**, e nem enxerga o que o álcool está destruindo em sua vida. Você já sabe que ele bebe demais, então peça logo que vá a um tratamento. Ele vai assustar-se e resistir, mas fique batendo nessa tecla: "Aceite tratamento, meu amigo. Vai ser um alívio para você e para sua família. Vale a pena, você merece uma vida melhor. Chega de sofrer!"

5. **Para penetrar a resistência e cegueira** (ele não está enxergando a realidade de seu alcoolismo), você precisa de **dados concretos** dos vexames. "Quarta-feira não podia trabalhar por causa da terrível ressaca. Quinta-feira, bateu no poste perto da garagem, porque tinha bebido demais." Seu tom não deve ser de promotor público, tentando condenar o malandro à prisão por seus crimes; você é um **amigo**, com a coragem de falar a verdade a um filho de Deus que está cego. Se continuar cego à realidade do que o álcool está estragando em sua vida, nunca vai aceitar tratamento, e mais cedo ou mais tarde vai morrer dessa doença. Vale a pena ir tentando penetrar a resistência e curar a cegueira. Os milagres de Jesus no Evangelho repetem-se na história dos alcoólatras! O Bom Salvador está querendo, por meio de seus esforços, curar o cego, e ressuscitar um filho de Deus que já está com um pé na cova, está enterrado no túmulo do alcoolismo.

6. **Se ele continua recusando tratamento,** ofereça para ir com ele a algumas

reuniões de Alcoólicos Anônimos. Certa vez, dez anos atrás, convidei um bom pai de família para tratamento. Ele não quis, mas começou naquela noite a frequentar as reuniões de A.A. – e nunca mais bebeu! No entanto, muitos alcoólatras podem não aproveitar muito bem um bom tratamento, porque não terão o pique e a garra de frequentar o A.A. quase todos os dias no começo. Mesmo assim, se hoje ele recusa tratamento, sugira as reuniões de A.A. No entanto, essa frequência terá de ser quase todos os dias, para "cortar a febre" da compulsão de beber.

Se um alcoólatra não quer tratamento, você pode propor-lhe ir às reuniões de A.A. por um mês, para ver se tem pique para tanto e se consegue parar de beber. O acordo desde o começo: "Se você não consegue parar frequentando o A.A., você vai aceitar tratamento". Para surtir efeito, terá de ir ao A.A. quase **todos os dias**!

VIII

Depoimentos

Depoimento de um padre alcoólatra em recuperação

Sinto-me o **leproso curado** de Lc 17. Quando sofria do alcoolismo, chamava a Jesus: "Senhor! Tem piedade de mim". Por muito tempo, Jesus parecia surdo a meu grito, mas chegou a hora e Ele enviou um amigo que soube me empurrar corajosamente para tratamento. Sou eternamente agradecido a esse amigo.

Na história dos dez leprosos, Jesus podia tê-los curado instantaneamente. Mas, em vez de cura instantânea, Jesus mandou os dez leprosos cumprirem sua ordem: "Vão procurar o sacerdote para tirar atestado de saúde, para poderem voltar a conviver com as famílias". Da mesma maneira, Jesus, em vez de me curar instantaneamente, mandou-me ir a tratamento e às reuniões de Alcoólicos Anônimos (A.A.). Os leprosos obedeceram à ordem de Jesus, e, no caminho, encontraram-se limpos. Eu obedeci a sua ordem também e fui a tratamento e a muitas reuniões de A.A. – e me encontrava em **recuperação.** Já não sentia a compulsão louca de beber; não conhecia mais aquelas terríveis ressacas da manhã. Consegui olhar no espelho para fazer a barba, sem fazer uma careta de nojo perante minha própria fisionomia. Sempre que vou às reuniões de A.A., identifico-me com o **leproso agradecido**, que se joga aos pés de Jesus, para agradecer. Dentro de mim, comecei a sentir uma paz e serenidade, uma nova **alegria** no coração que nunca encontrava na garrafa. Agora, frequentando A.A., comecei a gostar do "amigo do espelho". Gostando mais de mim mesmo sóbrio, não tenho tanta raiva dos outros. Melhoraram meus relacionamentos na família e no trabalho.

Depoimento em Alcoólicos Anônimos de Padre João, Missionário Redentorista, e talvez o Primeiro Padre do Brasil a entrar para Alcoólicos Anônimos

(Morreu com 6 anos de sobriedade em A.A., aos 21 de junho de 1980.)

Meu nome é João.

Sou padre, e sou um alcoólatra. Faz um ano que conheci o A.A. numa reunião festiva, comemorando o 6º aniversário de nossa Irmandade no Estado do Paraná. Gostei do que ouvi e levei literatura comigo. Li tudo aquela noite mesmo.

Sou **bebedor-problema.** Quando tinha de enfrentar compromissos sérios, bebia muito e ficava bêbado. Fui transferido várias vezes, tentando começar uma nova vida. Mas, apesar de tantas coisas desagradáveis que aconteceram quando bêbado, continuei pensando que eu era apenas um bebedor social. Meus superiores conversavam comigo com paciência e caridade fraterna. Mas eu mentia e dizia que as reações eram o resultado de pressão alta, de uma tontura.

Falava que eu podia resolver o problema por minha própria força de vontade, pois havia um tempo em minha vida quando parei de beber. Por isso quando me falavam de A.A., respondia que não precisava do A.A., porque eu tinha o apoio de meus confrades.

Na reunião para o 6º aniversário de A.A. no Paraná, falou um sacerdote que era irmão do fundador de A.A. em Ponta Grossa. Eu senti uma ansiedade ao assistir àquela reunião pública. Agora vejo que foi a mão de Deus, nosso Poder Superior, que na próxima noite levou-me para a reunião de A.A. Ele é o Caçador Divino que, sem descanso, vai atrás de sua caça até alcançá-la. Ele me laçou, graças a sua bondade. Eu já estava cansado de fugir dele. Sem saber, eu, o Filho Pródigo Padre, já me achei no caminho certo, voltando para a casa de meu Pai.

Mas continuei bebendo, porque nunca tive tratamento. Frequentava somente uma reunião de A.A. por semana. Era pouco, mas em 1974 só havia uma reunião de A.A. em Curitiba. O que fazer? Não queria criar escândalo para a Igreja. Consegui descobrir um restaurante, onde um garçom me escondia, caso ficasse bêbado. Deus me tocou, e aquela noite, em vez de ir ao restaurante para beber, fui à reunião de A.A. Foi uma reunião fechada, onde somente membros de A.A. entram, mas falei para o coordenador que eu era padre e ele me convidou para falar umas palavras ao grupo. A sinceridade e honestidade do grupo me tocaram. Nesse ambiente tão sadio, resolvi não sair da reunião, sentindo-me hipócrita. Pedi a palavra e pela primeira vez, quase chorando, admiti para mim mesmo e para o grupo: **"Eu sou um alcoólatra!"**

O Pai abraçou seu Filho Pródigo Sacerdote. O Poder Superior, encarnado nos membros de A.A., agiu e eu senti seu Amor e sua Misericórdia. Foi tão gostoso receber a ficha amarela de ingresso em A.A. e ser aceito por todos os presentes. Deixei de ser hipócrita, de ser um "moleque" e comecei minha vida nova como adulto **sóbrio.**

O que é um **Padre Alcoólatra**? O Livro Azul de A.A. afirma que o Alcoolismo é doença que atinge todas as camadas da sociedade. Por isso, eu me identifico com qualquer alcoólatra, por mais humilde que seja. Bebi por 21 anos, no começo com colegas e amigos, depois com desconhecidos, e finalmente sozinho. Tive terríveis ressacas, delírio, tremedeira nas mãos, apagamentos até celebrando Missa ou guiando o carro.

Mas o Poder Superior sabia a hora de devolver-me à sanidade. Decidi participar das reuniões de A.A. com mente aberta. Escutei os depoimentos dos companheiros como uma esponja, absorvendo tudo. Ele começou a curar minha cegueira. Acabou com minha autossuficiência. Eu estava arrasado – no fundo do poço. Aprendi dos mais humildes e analfabetos. Experimentei um encontro pessoal com Deus, meu Pai e não somente meu Juiz. Deixei as máscaras caírem. Meus olhos se abriram. Encontrei-me comigo mesmo. Sóbrio, posso ser um bom filho de Deus. Hoje, só quero partilhar esse milagre com outros que ainda sofrem. Deus é muito bom.

ÍNDICE

I. Você sofre hoje, porque seu pai bebia demais?.........7
II. Filhos da negação: "Não sentir!" 11
III. Filhos da negação: "Não falar!"......17
IV. Filhos da negação: "Não confiar!".....20
V. Os papéis de cada F.A.A. ...23
VI. A criança abandonada e abusada que está dentro do F.A.A. 26
VII. Duas cartas a quem está bebendo demais 34
VIII. Depoimentos............................41